Gute Geschichten bessern die Welt.

Thomas Becker

(BÜCHER) LESEN LERNEN

story.one – Life is a story

schreib's auf
story.one

FSC
www.fsc.org
MIX
Papier aus verantwortungsvollen Quellen
Paper from responsible sources
FSC® C105338

1. Auflage 2023

Herstellung, Gestaltung und Konzeption:
Verlag story.one publishing - www.story.one
Eine Marke der Storylution GmbH

Gesetzt aus Crimson Text und Lato.

Printed in the European Union.

ISBN: 978-3-7108-2320-6

"Wenn es mir schlecht geht, gehe ich
nicht in die Apotheke, sondern zu
meinem Buchhändler." Philippe Djian

INHALT

Wozu dieses Buch?

Sie begegnen mir immer wieder: Menschen, die mit Büchern nur wenig anfangen können. Die vielen bunten Buchrücken in den Regalen sind für sie ein unübersichtliches Chaos. Millionenfach geklickte TikToks und Reels in den sozialen Medien über trendende Romane faszinieren sie. Trotzdem haben sie dabei das Gefühl, den Inhalt nicht zu verstehen. Wie auch? Denn selbst gelesen haben sie die Bücher nicht.

Oft sind diese Menschen Anhänger der Hustle Culture oder durchgetaktete Workaholics, die das Prinzip des Lesens zwar verstehen und sich die entspannten Auszeiten vom Alltag richtig gut für sich vorstellen können - aber einfach nicht wissen, wie sie das Lesen in ihr Leben integrieren sollen.

Dessen ungeachtet verkaufe ich auch diesen Menschen Bücher. Versprechen und Verheißungen, tolle Abenteuer und herzbewegende Lovestorys, den Traum des Luxuslebens im Überfluss, Todesängste und wahnwitzige Erfolgsgeschichten. Dabei komme ich zu der Erkenntnis: Bücher kaufen und Bücher lesen sind zwei völlig unterschiedliche Hobbys, die tatsächlich unabhängig voneinander betrieben werden. Wie erklären sich sonst die riesigen Stapel ungelesener Bücher, die so ziemlich bei jedem von uns zu Hause schlummern?

Schließlich stand sie eines Tages vor mir: die Kundin, der kein Buch aus meiner Buchhandlung helfen konnte. Da ich ihr die meisten ihrer Bücher verkauft hatte, wusste ich, welche wunderbaren Schätze sich in ihrem Zuhause tummelten und nur darauf warteten, von ihr gelesen zu werden. Dennoch erweckte sie auch heute einen ruhelosen Eindruck. Das Handy in der perfekt manikürten Rechten, zwei Lebenshilfe-Ratgeber in der Linken, fragte sie nach meiner Einschätzung: "Welches von den beiden soll ich lesen?"

Meine Rückfrage, wie ihr denn mein letzter Buchtipp gefiel, wischte sie, wie so häufig, lapidar beiseite. "Ich bin noch nicht dazu gekommen. Wissen Sie, ich habe so viele Bücher. Aber von diesen", sie hielt mir die beiden Ratgeber erneut entgegen, "von diesen denke ich, könnte mir eines gefallen. Was meinen Sie?"

Ich sah sie an. Diese junge Frau, die Bücher

kaufte, ohne zu wissen, wie sie es anstellen sollte, diese auch zu lesen. Sie ahnte nichts von den nächsten großen Gefühlen, die nur eine Armlänge entfernt lagen. Vergessen waren all ihre bereits gekauften Bücher, die kleine Reisen sind. Reisen in fremde, aber oftmals auch in ihr eigenes Leben. Genau diese Seiten konnten ihr schenken, was ihr teuer bezahlte Wellness-Behandlungen, Meditations- und Yoga-Kurse versprechen.

Ruhe. Ausgeglichenheit. Entspannung. Zufriedenheit.

Ein Abtauchen in andere Welten, die Gedanken einmal schweifen und sich von einer fremden Geschichte tragen lassen. All dies beherrschte meine Kundin nicht. Ihr fehlte einfach der Zugang.

In diesem Moment wurde es mir bewusst. Das Buch, das sie wirklich brauchte, kannte ich gar nicht. Und ich beschloss, es für sie und alle anderen zu schreiben.

Die Auswahl

Bücher sind wie Wein. Das klingt jetzt nach einem Klischee, aber lass es mich dir erklären.

Wein gibt es in den unterschiedlichsten Geschmacksrichtungen. Fruchtig, frisch, lieblich, spritzig oder schlicht herb und trocken. All diese Variationen fächern sich wiederum in unzählige Abstufungen und Nuancen auf. Selbst für Gelegenheitsweintrinker findet sich immer ein Tropfen, der ihnen schmeckt. Vielleicht kommt dieser dann sogar recht süffig daher und trägt so ganz unerwartet zur Unterhaltung des Abends bei.

Was mit Wein funktioniert, lässt sich auch auf Bücher übertragen. Das bringt mich zur These: zu jedem Topf findet sich ein Deckel. Oder, um dem Thema des Buches gerecht zu werden: für jeden gibt es passende Bücher. Und gegebenenfalls ist gerade dieses kleine Büchlein in deinen Händen die perfekte Wahl für eine Gelegenheitsleserin oder einen "Ich lese gar nicht"-Leser.

Der Buchmarkt ist so vielfältig aufgestellt wie

noch nie. Jedes Jahr versuchen dutzende Verlage das Rad neu zu erfinden und die Geschichte zu liefern, die es vermeintlich noch nicht gibt. Diesen einen Plot, der aus der Masse an Neuerscheinungen heraussticht und sich an die Spitze der Buchverkäufe drängt.

Deshalb bin ich davon überzeugt: Es ist unmöglich, dass für dich überhaupt kein Buch dabei ist, das deine Neugierde weckt. Gleichzeitig verstehe ich aber, wenn dich diese gigantische Auswahl erschlägt. Wie gelingt der Anfang, um das eigene Leseinteresse wachzukitzeln?

Als Buchhändler lautet meine Antwort natürlich erst einmal: in der Buchhandlung. Statte den Buchläden vor Ort einen Besuch ab. Lass dir den Aufbau des Ladens erklären. Wo findest du welche Abteilung? Ist dir die Buchhändlerin oder der Buchhändler sympathisch, frage gleich einmal nach einem aktuellen Buchtipp. Höre dabei immer auf dein Bauchgefühl. Klingt die vorgestellte Geschichte langweilig? Gut, dann greife zum nächsten Buch. Nur wenn du wirklich glaubst, dich ein paar Stunden mit dieser Geschichte beschäftigen zu können, sollte es in deiner engeren Auswahl landen.

Nimm dir Zeit und setze dich für ein paar Minuten hin. Betrachte in Ruhe das Cover. Was gibt es alles zu entdecken? Lies die Zusammenfassung und den Klappentext. Erkunde das Autorenfoto und die Kurzbiografie. Was hat die Autorin noch veröffentlicht? Eventuell hast du ja schon einmal eine Verfilmung eines der bisher erschienen Bücher gesehen?

Ich persönlich lese immer gerne die Danksagung. Mit welchen Dämonen kämpfte der Autor beim Schreiben der Geschichte? Und bei Sachbüchern: schau dir das Inhaltsverzeichnis an. Machen die besprochenen Themen neugierig? Lies ein paar Seiten eines Kapitels, das dich besonders anspricht. Gefällt dir der Schreibstil?

So näherst du dich Schritt für Schritt dem Buch an. Ist deine Aufmerksamkeit für die Geschichte geweckt und du brennst schließlich darauf weiter zu lesen? Gut! Begib dich zur Kasse und kaufe dein erstes, bewusst ausgesuchtes Buch.

Das richtige Genre

Genres gibt es, seit es Bücher gibt. So werden Bücher in Gattungen kategorisiert, um unter anderem darüber zu entscheiden, wo die Titel in der Buchhandlung zu finden sein sollen. Je nach Gemüt oder aktueller Lebenssituation, greifen Leser zu dem Genre, das sie begeistert.

Mir gefällt am Buchmarkt besonders, dass sich, wie auch in der Modewelt, regelmäßig bestimmte Trends abzeichnen. Branchen-Experten versuchen genau diese Trends zu erkennen und herauszustellen. Nicht selten sprechen sie über ihre Beobachtungen und Einschätzungen in Fachmagazinen. Nach und nach entstehen daraufhin mehrere Vergleichstitel, die ein erfolgreiches Buch zur Grundlage haben. Solange, bis ein Trend wieder abflacht und die Leser dessen müde werden. Woraufhin ein neuer Trend aufsteigt und der Vermarktungswettlauf von vorne beginnt. Diesen Zeitgeist und das Interesse der Leser mit neuen Ideen zu wecken, schreiben sich Autoren und Verleger täglich auf ihre Fahne.

Aus diesem Grund sind Genres stetig im

Wandel. Ein Blick auf die Spiegel Bestsellerliste genügt. Während Thriller-Autoren vor einigen Jahrzehnten eher in der Schmuddelecke des Buchmarktes gesehen wurden, sind heutzutage Schreiber von Spannungsliteratur richtig erfolgreich. Was früher Nackenbeißer-Romane an Bahnhofsbuchhandlungen waren, sind derzeit, wenn auch zum Teil deutlich emanzipierter, gelungene New Adult-Bestseller. Natürlich darfst du all diese Genres für dich entdecken. Probiere dich aus. Ist dir mehr nach einem spannenden Kriminalroman, einem aufreibenden Psychothriller oder nach der Liebesgeschichte, die auch vor Schlafzimmertüren nicht Halt macht?

Andernfalls zieht es dich vielleicht eher zum Sachbuch? Von geschichtlichen Betrachtungen, abenteuerlichen Biografien bis hin zu Selbsthilfe- und Gesundheitsratgebern ist hier alles vertreten. Gerade in diesen kannst du weniger ansprechende Kapitel auslassen und die nur für dich relevanten Themen heraussuchen. Du beginnst Sachbücher querzulesen, was bedeutet, du überspringst für dich belanglose Inhalte und beschäftigst dich lieber länger mit den für dich wichtigen Stellen. Beim Lesen von Sachtexten solltest du dir unbedingt zunächst einen Überblick über die Kapitel verschaffen. Scheue dich nicht während dem Lesen mit Textmarker, Bleistift und Klebezetteln zu arbeiten. Die Markierungen von Textstellen, die dir wichtig erscheinen, helfen dir später, das Sachbuch als Nachschlagwerk zu verwenden.

Der Moment wird kommen, indem du dir in einer Sache nicht mehr sicher bist, aber weißt: Das ist in diesem einen Buch erklärt. Man muss nicht alles wissen, sondern nur wo es geschrieben steht. In diesem Fall werden dir deine Markierungen eine Hilfe sein, die gewünschte Information schnell und unkompliziert nachzuschlagen.

Ein weiteres nicht zu verachtendes Genre für einen guten Einstieg ins Lesen stelle ich dir im nächsten Kapitel vor.

Über Kurzgeschichten

Ein bewährter Tipp, den ich angehenden Lesern in meiner Buchhandlung gerne gebe, ist, zunächst die Nase in Kurzgeschichten zu stecken. Es ist nun einmal unserer heutigen digitalen Welt geschuldet, dass wir im Alltag hauptsächlich kurze, auf die Kernbotschaft heruntergebrochene Textfetzen lesen. Davon mehrere am Stück mit einer Lesedauer von maximal einer halben Minute. Genauso lange muss die Aufmerksamkeitsspanne reichen. Viele Gelegenheitsleser haben sich unbewusst an diese Länge gewöhnt.

Eine gute Möglichkeit, sich das Lesen von längeren Texten beizubringen, sind meiner Meinung nach Kurzgeschichten. Geschichtensammlungen dieser Art sind nicht zu unterschätzen, haben trotz der Verknappung oft ungeahnten Tiefgang und landen regelmäßig auf der Spiegel-Bestsellerliste.

Ein Autor, der mit kurzen Erzählungen bekannt geworden ist, heißt Ferdinand von Schirach. Vielleicht hast du die Verfilmungen seiner

Bücher bereits im Fernsehen gesehen. Als Jurist und Schriftsteller beschäftigt er sich in seinen Texten für gewöhnlich mit der deutschen Justiz, wirft Fragen auf und beleuchtet unseren Rechtsstaat. Ferdinand von Schirach schafft etwas, das ich regelmäßig an ihm bewundere: Er packt das komplette Leben einer Person seiner Geschichte in nur einen Absatz - und dennoch hast du das Gefühl, eine 300 Seiten starke Biografie gelesen zu haben. Außerdem ist sein Schreibstil leicht zugänglich. Das Lesen seiner Bücher empfinde ich, als hätte ich den Autoren gerade im Café getroffen und er berichtet mir von einem für ihn bedeutsamen Fall. Verschwörerisch beugt er sich zur mir, senkt die Stimme, damit der Nachbartisch nichts mitbekommt und beginnt leise zu erzählen.

Diese Erzählungen passen auf nur wenige Seiten. Du wirst erstaunt sein, welch große Wirkung von ihnen ausgeht, wenn sie auf die Essenz ihrer Handlung gekürzt sind. Genau solche Kurzgeschichten sind natürlich auch schnell mal zwischendurch gelesen. Morgens bei einer Tasse Kaffee oder abends im Bett vor dem Einschlafen. Und wer weiß, vielleicht hast du dann plötzlich Lust nicht nur einen, sondern gleich den nächsten Text zu lesen.

Schau dir diese Bücher in der Buchhandlung oder der Bibliothek an. Durch ihre minimalistische Aufmachung sind sie leicht zu finden. Setze dich in Ruhe hin, schlage irgendeine Seite auf und lese ein paar Zeilen. Du wirst ziemlich schnell herausfinden, ob Kurzgeschichten das Richtige für dich sind. Tatsächlich konnte ich mit ihrer Hilfe die Leselust schon bei vielen Menschen entfachen.

Essayistische Texte, also Abhandlungen zu bestimmten Alltagsthemen in kurzer Form, finden sich auch immer wieder im Sachbuch-Bereich. Ein bekanntes und beliebtes Beispiel ist hier die Sammlung „101 Essays, die dein Leben verändern werden“ von Brianna Wiest. In deinen Händen hältst du bereits eine Sammlung von kurzen Texten, die dir einen Impuls zum Lesen geben wollen.

Habe dein Buch immer dabei

Kannst du dich an Belle aus "Die Schöne und das Biest" erinnern? Belle war ein unglaublicher Bücherwurm. Und weißt du was? Belle hatte stets ein Buch dabei. Das ist ein Ratschlag, den ich immer wieder Menschen, die mehr lesen wollen, gebe - ihn aber selbst in den meisten Fällen leider nicht anwende. Ich erkläre dir warum.

Ein Buch dauerhaft herumzutragen setzt eine Tasche voraus, die den Transport erst möglich macht. Männer sind bei diesem Unterfangen häufig schon raus. Und selbst wenn ich es schaffen würde, ständig eine Tasche dabei zu haben, so müsste diese gut gepolstert, wasserdicht und ausschließlich für mein Buch da sein, damit diesem auch bloß nichts passieren kann. Du merkst schon, mein Bezug zu Büchern ist speziell. Ich hüte meine Ausgaben wie kleine Küken. Ein Kratzer oder eine Delle machen mich tatsächlich - und jetzt bitte nicht lachen - traurig.

Vielleicht dürfen Bücher bei dir aber gelesen aussehen und eine angestoßene Ecke macht dir nichts aus. Dann: go for it. Nimm dein Buch immer mit.

Denn du glaubst nicht, wie viele unvorhergesehene Zeitfenster sich zum Lesen im Alltag öffnen. Die Mittagspause bei der Arbeit oder Warterei jeglicher Art. Pendelst du mit Bus oder Bahn? Perfekt. Neben der eigentlichen Fahrt sind lange Wartezeiten hier die Regel. Monotone Autofahrten lassen sich von einem Hörbuch begleiten.

Ganz bewusste Auszeiten lohnen sich mit einem Buch zu entdecken. Stell dir einen lauen Sommertag vor. Wäre es nicht schön, eine halbe Stunde des Tages in der Sonne mit einem leckeren Kaffee und einer guten Geschichte auf einer Bank im Freien zu verbringen? Auszeiten im Alltag sind so wertvoll - und ganz besonders effektiv. Probiere es einfach aus.

Zu meinem Problem, Bücher nicht mitnehmen zu wollen, fand ich die Lösung in Hörbüchern und eBooks. Beide sind dank meines Smartphones stetige Begleiter. Die Apps lassen sich häufig mit dem eBook-Reader synchronisieren. So kannst du regelmäßig ein paar Seiten auf deinem Smartphone lesen, ohne ein zusätzliches Gerät mitnehmen zu müssen.

Natürlich ist das alles kein Vergleich zum Lesen eines richtigen Buches. Zwischen den einzelnen Seiten blättern, das Papier spüren, das Cover auf dem Buchumschlag betrachten, mit der Handfläche darüberstreichen, vorhandene Prägungen erfühlen - ihr merkt schon, ich habe ein ernsthaftes Problem. eBook-Reader hingegen sind praktisch, leicht zu handhaben und halten euer (Reise-)Gepäck schlank.

Gerade das Thema Reisen nimmt im eBook-Markt viel Raum ein. Stell dir vor: du musst dich im Urlaub nicht auf eine handvoll Bücher beschränken, sondern kannst deine gesamte Bibliothek mitnehmen. Mehrere tausend Ausgaben, super leicht auf nur einem Gerät verstaut. Was noch vor einigen Jahrzehnten undenkbar schien, ist heute Realität. Vorbei ist die Qual der Wahl, ob es für die Reise ein Krimi oder doch eine dicke Biografie werden darf.

Belle hätte das sicher geliebt!

Eine Routine aufbauen

Der beste Weg neue Gewohnheiten in den eigenen Alltag zu integrieren, sind tägliche Wiederholungen. Wenn Bücher einen höheren Stellenwert in deinem Leben haben sollen, empfehle ich dir zu überlegen, wann du dir Zeit zum Lesen nehmen möchtest.

Du glaubst nicht, wie oft ich zu hören bekomme: "Wow Thomas, du liest so viele Bücher. Ich weiß gar nicht, wann ich die Zeit hätte, so viel zu lesen." Das ist völliger Unsinn. Denn mein Tag hat ebenso 24 Stunden, wie der Tag eines jeden Menschen. Wir alle können glücklicherweise frei darüber entscheiden, wie wir diese Stunden verbringen. Klar, einige Verpflichtungen sind unumgänglich. Wir alle müssen Zeit investieren, um Geld zu verdienen. Wie sonst können wir uns unsere schönen Bücher überhaupt erst leisten? Ich spreche jedoch in erster Linie von unserer Freizeit. Natürlich haben einige hiervon etwas mehr als andere zur Verfügung, das ist aber nicht der Punkt. Der Punkt ist doch, wie entscheiden wir unsere freie Zeit zu verbringen?

Ich tippe jetzt einfach mal ins Blaue, wenn ich dich auffordere, deine Bildschirmzeit in deinem Smartphone zu prüfen. Das Ergebnis ist bei den meisten von uns erschreckend. Mehrere Stunden Handynutzung am Tag sind keine Seltenheit. Aus diesem Grund ist die oberste Regel meiner täglichen Leseroutine: Handy stumm. Oder gleich ganz ausschalten. In den meisten Fällen liegt mein Smartphone sogar in einem anderen Zimmer, sodass ich während dem Lesen gar nicht erst in Versuchung gerate, meine Mitteilungen zu prüfen.

Der Aufbau einer Routine könnte also damit beginnen, dir zunächst eine ruhige Umgebung zu schaffen und jeden Tag zu einer festen Zeit oder als Teil einer bestimmten Gewohnheit zu lesen. Das kann der Kaffee am Morgen sein, oder der Tee am Nachmittag. Vielleicht magst du eine halbe Stunde früher als üblich zu Bett gehen, um noch ein paar Seiten zu schmökern? Dass du währenddessen müde und vermutlich schneller einschlafen wirst, habe ich nie als Problem bewertet. Problematisch ist eher das Gegenteil: abends im Bett unnötig am Smartphone zu hängen und deshalb keine Ruhe zu finden. Probiere verschiedene Routinen für dich aus.

Unerlässlich dabei ist meiner Meinung nach das tägliche Lesen. Und wenn es nur ein paar Zeilen sind. Schreitest du nicht täglich in einem Buch voran, wirst du nach ein paar Tagen vollständiger Lesepause das Interesse verloren haben. Es wird dich einfach nicht mehr kümmern, ob es die Kinder lebend von der Insel schaffen oder die bittere Pille der Mutter schlucken. Du bist mit deinen Gedanken nicht mehr in der Geschichte - und das gilt es unbedingt zu vermeiden.

Übrigens richtet sich solch eine Routine nach keiner Dauer. Sicher, in dreißig Minuten wirst du mehr gelesen haben als in fünfzehn. Letztendlich ist es aber wichtig, dass du dir überhaupt die Zeit für deine Routine genommen hast. Egal wie viel.

Tauche ein und finde Ruhe

Fängst du wieder an, Bücher zu lesen, wird deine Aufmerksamkeitsspanne sehr niedrig sein. Die kleinsten Ablenkungen reißen dich aus der Geschichte heraus. Du liest Absätze mehrmals und verstehst sie häufig dennoch nicht. Aber lass dich nicht entmutigen, denn zu Beginn deines Weges zur Leseliebe ist das völlig normal. Denke nicht einmal daran, dass das Lesen einfach nicht deinen Talenten entspricht. Vielmehr ist es doch so: Wir sind von Short Messages und Schlagzeilen umgeben. Die Geschehnisse unserer Welt werden uns kurz und prägnant präsentiert. Nur falls uns ein Thema wirklich anspringt, sind wir bereit, mehr Zeit zu investieren, um einen längeren Text zu lesen.

Wir wissen bei neuen Büchern häufig nicht, ob wir einen Zugang zum Thema finden. Wir kennen zwar den Klappentext und haben uns das Buch nach unserem besten Gefühl ausgesucht, aber vielleicht entspricht die Entwicklung der Story nicht unseren Erwartungen. Wir erfahren dies erst, sobald wir uns länger mit ihr beschäftigen. Und das erfordert, erst einmal am Text dranzubleiben, ihm also eine Chance zu geben.

Aus diesem Grund solltest du dir beim Beginn eines neuen Buches eine ruhige Umgebung zum Lesen suchen. Ziehe dir deinen Lieblingspullover über, brühe dir einen leckeren Tee oder Kaffee auf und zünde, wenn dir danach ist, eine Duftkerze an. Mache es dir auf der Couch mit einer Decke und einer Wärmflasche gemütlich. Sei dir bewusst: Diese ersten Seiten entscheiden letztendlich darüber, ob du in das Buch hineingezogen wirst - oder, ob du es genervt zur Seite schiebst. Würdest du ein Buch im größten Alltagschaos beginnen, hätte es wohl kaum eine Möglichkeit dich zu überzeugen. Es müsste überwältigend sein, dich aus deinem Chaos reißen und verschlingen. Auch das kann passieren.

Kurze Pausen zwischen den Kapiteln verhindern, dass du das Lesen als zu anstrengend empfindest. Hier helfen schon fünf Minuten am geöffneten Fenster mit Blick in die Ferne.

Je weiter du in einem Buch vorankommst, umso mehr wirst du dich hoffentlich auf die Geschichte und ihre Protagonisten einlassen und ein Teil von ihr. Ziemlich schnell fliegst du geradezu durch die Seiten. Vermutlich vergisst du schon bald die Zeit während dem Lesen. Hatte ein Buch genau diesen Effekt auf dich, wirst du es im Anschluss durchaus vermissen. Dieses Phänomen nenne ich den Buch-Kater - die Unfähigkeit, ein neues Buch anzufangen, weil dich das letzte völlig fertig zurückließ. Wie ein guter Freund, mit dem du gerne Zeit verbracht hast, der aber leider weiterziehen muss, um sein eigenes Leben zu leben. Ohne dich. Schlimmstenfalls benötigst du ein neues Herz.

Ich brauche in diesen Situationen einen Tag Erholung, um das Gelesene zu verarbeiten. Ich denke über die Figuren nach und wie es wohl mit ihnen weitergeht. Fast immer recherchiere ich den Autoren oder die Autorin. Möglicherweise ist ja bereits ein Folgeband geplant, auf den ich mich freuen und vorbestellen kann.

Leseorte entdecken

Ruhe fürs Lesen zu finden ist einer der ersten Schritte. Die Umgebung, in der du versuchst zu lesen, hat einen wesentlichen Einfluss auf deinen Leseerfolg.

Ich habe mich eben selbst beim Schreiben dieses Textes gefragt, an welchem Ort ich am liebsten lese und kann diese Frage nun ganz klar beantworten: im Bett! Es gibt für mich kein schöneres Morgenritual als aufzustehen, Kaffee zu kochen und diesen dann im Anschluss in einer großen Tasse mit einem Buch unterm Arm zurück ins Bett zu balancieren. Wenn das Buch dann auch noch gut ist, muss ich aufpassen, dass ich die Zeit nicht vergesse. Aber ja, an freien Tagen verbringe ich so gerne meine Vormittage.

Klassischer hingegen ist für viele das Sofa oder der Sessel. Hier kann ein Leseknochen für Gemütlichkeit sorgen. Das besonders geformte Kissen hat je nach Anwendung verschiedene unterstützende Funktionen. So kann es als Nackenstütze, als auch zur Entlastung der Handgelenke deinen Komfort während dem Schmökern erhöhen. Liest du lieber in Bauchlage mit angewinkelten Beinen, kann das Kissen unter den Oberkörper geschoben diesen entlasten. Du findest Leseknochen in vielen Buchhandlungen. Häufig liegt dem Stützkissen eine kleine bebilderte Anleitung bei, damit du weißt, wie du es richtig verwendest.

Schwere Bildbände oder besondere Schmuckausgaben, die meistens die Eigenschaft äußerst unhandlich sind, lese ich gerne am Esstisch. So kann ich das Buch vor mir ablegen und darin blättern. Die aufrechte Haltung beim Sitzen verhindert außerdem, dass ich müde werde, was zugegeben auf einem weichen Sofa schneller passieren kann.

Ein weiterer Leseort zu Hause ist für viele die Badewanne. Ein heißes Schaumbad kombiniert mit einem schönen Buch: Klingt für viele paradiesisch, ist für mich persönlich jedoch der absolute Horror. Denn durch aufsteigenden Wasserdampf wird dein Buch hinterher aufgebläht und gewellt aussehen. Ist dir das egal oder nutzt du einen wasserfesten eReader? Viel Spaß beim Baden mit Buch!

Ist es dir nicht möglich zu Hause einen ruhigen Platz für dich zum Lesen zu finden, empfehle ich dir den Raum, der für uns alle zugänglich ist: die Natur. Gehe spazieren, erkunde die Umgebung. Gerade an Waldwegen finden sich häufig Holzbänke umgeben von Bäumen und Sträuchern. Hier wird dich garantiert niemand beim Lesen belästigen und nebenbei belebt die frische Luft Körper und Geist.

Ist es im Sommer zu heiß, um draußen zu lesen, kannst du auch Ruhe in Bibliotheken suchen. Häufig herrscht dort eine andächtige Stille und die Menschen nehmen aufeinander Rücksicht. Viele Büchereien bieten außerdem bequeme Sitzmöbel, um ungestört in Büchern zu versinken. Selbst in der Buchhandlung erlebe ich häufig Besucher, die nur zum Probelesen der Novitäten (Neuerscheinungen) vorbeikommen. Hier ist selbstverständlich darauf zu achten, dass die Bücher verkäuflich bleiben. Die ungebrochenen Buchrücken werden es dir danken.

Feste Social Media Zeiten

Mich verbindet seit nunmehr zwei Jahren eine kleine Hassliebe mit Instagram. Ganz ehrlich: Ohne diese App gäbe es dieses feine Geschenkbuch nicht. Ich wäre mir überhaupt nicht sicher, ob es genug lesebegeisterte Menschen da draußen gibt, die ihren Freunden das Lesen ebenfalls näher bringen wollen. Ich liebe die Community bei Bookstagram (so wird Instagram genannt, wenn der Fokus auf Buchthemen liegt). Regelmäßig erhalte ich neue Lesetipps und tausche mich mit anderen Lesern und Autoren aus.

Allerdings besteht bei dieser vielseitigen Nutzung immer die Gefahr, sich in der riesigen Medienkrake zu verlieren. Im Handumdrehen sind zwei Stunden voller Swipen, Liken und Kommentieren vorbei. Zwei Stunden, in denen du ein schönes Buch hättest lesen können.

Daher mein Rat an alle, egal ob du mehr Zeit für das Lesen oder ein anderes Hobby freischaufeln möchtest: begrenze deine Nutzungszeit für die sozialen Medien. Instagram selbst bietet diese Funktion mittlerweile in den App-Einstellungen an. So reduzierte ich meine tägliche Zeit als Buchblogger auf eine Stunde am Tag. Inzwischen schaffe ich es ganz gut, mich an dieses Limit zu halten. Am Anfang klappte das weniger. Es ist wirklich ein Lernprozess, die App bei der Meldung der erreichten Zeit zu schließen - und sie für den Rest des Tages nicht mehr zu öffnen. Auch wenn die Versuchung groß ist.

Die positiven Aspekte von Insta- bzw. Bookstagram möchte ich hingegen nicht kleinreden. Meine Nutzung der App geht weit über das anfangs geplante Lesetagebuch hinaus und die Plattform ermöglicht mir großartige Begegnungen innerhalb der Buchbranche.

Verlage können auf Profile und deren buchigen Beiträge aufmerksam werden und ihnen ein kostenfreies Leseexemplar zu Rezensionszwecken zur Verfügung stellen. Auch Einladungen zu exklusiven Blogger-Events mit tollen Überraschungen und Ankündigungen werden ausgesprochen. Du erfährst aus erster Hand von deinen Lieblingsautoren, wo ihre nächsten Lesungen stattfinden und kannst dir bei der Gelegenheit dein Buch signieren lassen.

Noch nie waren die Kontaktmöglichkeiten zwischen Lesern, Autoren und Buchverlagen so einfach. Einige meiner Autorenbegegnungen habe ich als Reel (kurzes Video) festgehalten. Entstanden sind interessante Interviews. Du kannst sie dir auf meinem Profil @der.buchhaendler ansehen. Vielleicht entdeckst du so neue Lieblingsautoren oder Bücher, die dich neugierig machen.

Generell solltest du dir jedoch überlegen, wie viele von deinen 24 Stunden, die dir am Tag zur Verfügung stehen, du für diese oder andere Apps opferst. So betrachtet ist eine komplette Stunde ganz schön viel.

Probiere es aus. Beschränke deine Zeit auf den sozialen Medien aktiv und du wirst sehen, wie viel Zeit dir jetzt für andere Dinge, wie dem Lesen, bleibt.

Dein Lesetagebuch

Ich habe die Plattform Instagram ursprünglich als digitales Lesetagebuch genutzt. Wenn du viele Bücher gelesen hast, wird es dir gelegentlich schwerfallen, dich an die Handlung oder deinen Eindruck zu einem Buch zu erinnern. Hat es dir gefallen? Und falls nicht, was hat dich an der Geschichte gestört? Manchmal kann es auch passieren, dass du dich überhaupt nicht mehr daran erinnerst, ein bestimmtes Buch gelesen zu haben. Nach einigen Seiten stellst du dann schließlich fest: Irgendwie kommt mir das alles bekannt vor.

Aus diesen Gründen kann es sinnvoll sein, zu deinen gelesenen Büchern eine kurze Buchbesprechung (Rezension) zu schreiben. So kannst du jederzeit nachlesen und deine Erinnerung an das jeweilige Buch auffrischen. Mir persönlich erleichtert das nicht nur meine Arbeit als Buchhändler, es gibt mir außerdem einen Gesamtüberblick über gelesene Bücher, ihre Handlung und meinen Eindruck zur Geschichte. Außerdem steigert das Verfassen von Rezensionen deine Schreibkompetenz.

Deshalb empfehle ich dir, ein Lesetagebuch zu führen. Die Möglichkeiten sind ganz verschieden und durchaus kombinierbar.

Gerade von dir geschriebene Beurteilungen kannst du vielfältig nutzen. Ich habe noch nie Autoren getroffen, die mit dem Feedback ihrer Leserschaft nichts anfangen konnten. Besonders Newcomern in der Buchbranche sind öffentliche Bewertungen in den gängigen Buchshops eine große Hilfe. So wagen sich mutige Leser eher an ein Buch von Schriftstellern, deren Namen sie vorher noch nie gehört haben.

Noch mehr Optionen zur Erfassung deines gesamten Leseverhaltens bietet dir die App READ-O. Diese erlaubt dir unter anderem genau zu dokumentieren, wann du wie viele Seiten gelesen hast. Pflegst du die App regelmäßig, lassen sich so nach einiger Zeit aufschlussreiche Statistiken erstellen. An welchen Wochentagen liest du am meisten bzw. gar nicht? Wie viele Seiten liest du durchschnittlich in einer Woche? Und welche Bücher hast du in diesem Monat beendet? READ-O generiert Grafiken, die du direkt weiterleiten und mit Freunden oder der Community in den sozialen Medien teilen kannst. Neben der Erstellung von Leselisten sind digitale Buddyreads mit anderen App-Nutzern möglich. Vernetze dich mit Lesern, die einen ähnlichen Lesegeschmack haben und teile nach den jeweiligen Leseabschnitten deine Meinung mit den anderen Teilnehmern.

Vielleicht bist du aber eher der schriftliche Typ und du möchtest deine gelesenen Bücher in einem schönen, handgeschriebenen Notizbuch festhalten. Hierfür bieten einige Verlage eine Auswahl von bereits vorgegliederten Book-Journals an. Diese kannst du nach deinen Bedürfnissen frei anpassen und gestalten. Du kannst Buchcover aus Katalogen ausschneiden, Skizzen anfertigen, Lieblingszitate und deine Gedanken zum Buch aufschreiben. So wird dieses Journal Stück für Stück dein ganz persönliches Lesetagebuch.

Bücher parallel lesen

Vielleicht fesseln dich ja im Moment sogar mehrere Bücher gleichzeitig und du kannst dich einfach nicht für eines entscheiden. Weißt du was? Musst du auch nicht.

Ich vergleiche Bücher immer gerne mit Serien. Die Kapitel sind dabei die einzelnen Episoden, die du hintereinander wegliest. Und was machst du, falls du von einer Serie einmal genug hast? Zwar gefällt dir die Handlung richtig gut, aber irgendwann möchtest du etwas anderes als diesen überdrehten Schwammkopf in Bikini Bottom sehen. Vermutlich wirst du keine weitere Folge starten, sondern doch lieber eine neue Episode dieser romantischen Krankenhausserie mit den hübschen Ärzten, die du ebenfalls sehr magst.

Daher meine persönliche Botschaft an dich: mit Büchern ist das überhaupt nicht anders. Niemand schreibt dir vor einen 400 Seiten starken Roman an einem Stück durchzulesen. Selbstverständlich darfst du mehrere Bücher gleichzeitig lesen. Jedoch empfehle ich dir, gerade wenn du mit dem Lesen erst wieder begonnen hast, dich beim parallelen Lesen in unterschiedlichen Genres zu bewegen. So kannst du die Handlungen leichter auseinander halten.

Meistens lese ich einen Roman zeitgleich zu einem Sachbuch. Denn nur selten kommt es mir in den Sinn, einen Ratgeber von A bis Z durchzulesen, ohne zwischendurch auch mal einen Blick in etwas Unterhaltendes zu werfen. Was nicht heißt, dass Sachbücher langweilig sind. Um neues Wissen in sich aufzunehmen, braucht es aber eine gesteigerte Aufmerksamkeit.

Im Endeffekt ist es doch so: damals mussten wir im Fernsehen in der Regel eine Woche auf die nächste Folge unserer Lieblingsserie warten. Haben wir dabei zwischenzeitlich vergessen was zuletzt geschah? Sicher nicht, sofern die Handlung spannend war und wir mit den Charakteren mitfiebern konnten. Genau so verhält es sich mit Büchern. Was du mit langweiligen Büchern am besten machst, verrate ich dir im vorletzten Kapitel „Mut zum Abbrechen".

Noch ein Tipp: Da ich viel beruflich lese, muss ich oft gewisse Deadlines einhalten, also bis zu einem vorgeschriebenen Tag ein bestimmtes Buch fertig gelesen und rezensiert haben. Hierbei habe ich mir angewöhnt “hybride” zu lesen.

Was bedeutet hybrides Lesen? Unterbreche ich das Buch, um zum Beispiel mit meinem Hund Gassi zu gehen, höre ich das Buch an gleicher Stelle mithilfe des Hörbuchs weiter - und umgekehrt. So rausche ich nicht nur durch die Geschichte, sondern gleichzeitig wird sie durch den Sprecher oder die Sprecherin mehrdimensional und bleibt besser im Gedächtnis.

Auch interessant: lasse das Hörbuch laufen, während du liest und passe die Sprechgeschwindigkeit deinem Lesetempo an. So liest du das Buch mit jemandem zusammen, was ebenfalls richtig Spaß macht. Zusätzlich bleibst du konzentrierter im Lesefluss.

Denn beim Lesen ist es ähnlich wie beim Schreiben: einmal im Flow, reißt dich nichts so schnell wieder heraus.

Darüber reden

Es gibt viele Gründe übers Bücherlesen zu sprechen. Immerhin macht das einen großen Teil meines Berufes aus, weshalb ich mir des positiven Einflusses dieser Herangehensweise durchaus bewusst bin.

Zunächst kommst du ins Gespräch mit anderen Lesern. Einmal erlebte ich, wie Freunde durch die Buchhandlung schlenderten und einer von beiden irgendwann sagte: "Ich hätte nie gedacht, dass du liest." Dabei ist das doch ein positiver Zeitvertreib und anregendes Hobby, über das gesprochen werden sollte. In meinem Umfeld gibt es niemanden, der nicht weiß, dass ich mich täglich beruflich, als auch privat mit Büchern befasse. Kannst du dir das vorstellen? Gerade mit Freunden, die die gleiche Leidenschaft teilen, kann sich wunderbar darüber unterhalten und vielleicht sogar ein Buddyread veranstaltet werden.

Bei einem Buddyread lest ihr gleichzeitig ein Buch in vorher festgelegten Abschnitten und Zeiträumen und tauscht euch jeweils hinterher darüber aus. Glaube mir, deine Meinung ist gefragt. Wie fandest du dieses oder jenes Buch? Hast du eigentlich schon das neue von dieser Autorin gelesen? Lies doch mal das! Über einen solchen Meinungsaustausch können richtig tiefe Freundschaften entstehen.

Paaren empfehle ich gerne, sich ein Buch abwechselnd gegenseitig vorzulesen. Hierfür eignen sich zum Beispiel Briefromane wie „Gut gegen Nordwind" von Daniel Glattauer wunderbar. Es können ganz besondere Momente zwischen euch entstehen, indem ihr gemeinsam die Geschichte anderer Liebenden erlebt.

Als Buchhändler freue ich mich über die Feedback-Schleife. Sei es im Geschäft oder online. Für mich gibt es kein schöneres Gefühl, Kunden nach einigen Wochen erneut zu begegnen und mir die Rückmeldung zu ihrer Kaufentscheidung anzuhören. Einmal hielt ein Auto neben mir, das Fenster wurde heruntergelassen und die strahlende Fahrerin dankte mir dafür, Henri Faber, Autor der Thriller „Ausweglos" und „Kaltherz", in ihr Leben geschubst zu haben.

Ich teile gerne meine Eindrücke mit den Menschen und höre mir ihre Resonanz ganz genau an, wenn sie einen meiner Buchtipps gelesen haben. Denn natürlich treffe ich mit meiner Einschätzung nicht immer ins Schwarze. Umso wichtiger ist dann herauszuhören, was nicht gefallen hat und worauf ich bei der nächsten Empfehlung achten sollte. Letztendlich verleihst du deinen guten Geschmack, sobald du anderen Bücher vorschlägst. Nicht jedes Genre passt zu jedem und oft kommt es auf die derzeitige Lebenssituation an, was Anklang findet oder nicht.

Mit der Zeit wirst du erkennen, wie stolz du darauf sein kannst, regelmäßig zu lesen. Während andere sich ausschließlich ihre Synapsen mithilfe von Streaming-Diensten wegbingen, hast du deinen Verstand und deine Fantasie bemüht, um deinen eigenen Film nach Drehbuch in deinem Kopf zu produzieren. Die Mühe dafür möchte sich nicht jeder machen, aber sie lohnt sich.

Der Lohn des Lesens

Vielleser mögen den Begriff "Belohnung" in Verbindung mit dem Lesen seltsam finden, da das Lesen für sie schon eine lohnende Sache darstellt. Aber was gewinnst du und dein Körper eigentlich dadurch? Und welche tollen Dinge gehen mit dem Durchlesen eines Buches einher?

Beim täglichen Lesen sinkt dein Stresslevel. Hier reichen nach einer Studie der Universität von Sussex bereits sechs Minuten Lesezeit am Tag für eine deutliche Stressreduktion aus. Dreißig Minuten tägliches Lesen verlängert einer Studie der Yale University School of Public Health zufolge dein Leben sogar um bis zu 23 Monate. Außerdem stellte der Versuch bei den Probanden ab einem Alter von fünfzig Jahren ein vermindertes Alzheimerrisiko fest. Lesen kann die willkommene Auszeit im schnelllebigen Alltag sein. Wo und wann du liest, bestimmst du.

Lesen regt die Serotoninproduktion an und macht glücklich. Serotonin ist eines der sogenannten Glückshormone in unserem Körper.

Neben einem Wohlgefühl sorgt es für eine gute Entwicklung des Gehirns. Durch das Lesen erlebst du häufig positive Momente. Zum Beispiel, wenn du dir neues Wissen bzw. Erkenntnisse aus dem gelesenen Text erschließt oder deinen Gefühlen bei emotionalen Stellen innerhalb einer Geschichte freien Lauf lässt. Das kann eine Befreiung aus einer Geiselnahme sein oder der Moment, in dem endlich das lange verschwundene und tot geglaubte Kind der Hauptprotagonistin wieder auftaucht.

Wo wir schon beim Thema Wissen sind: Lesen bildet.

Durch eine eloquente Ausdrucksweise, dank eines umfangreichen Wortschatzes und sprachlichem Geschick, wirken und sind belesene Menschen eher selbstbewusst und -sicher. Die Erfahrungen, die sie in den unzähligen Geschichten gesammelt haben und mit den Figuren durchlebten, kann ihnen niemand mehr nehmen und wirken ungemein bereichernd. Darum hat das Lesen auch immer etwas mit Lebenserfahrung und Weisheit zu tun.

Sprichwörtlich kann ich sagen: Lies, denn es geht um dein Leben!

Der meiner Meinung nach beste Lohn nach der Beendigung eines Buches ist die Auswahl des nächsten. Mir persönlich spielt dabei mein Beruf deutlich in die Karten. Ich bin täglich von so vielen Büchern umgeben, mich schmerzt es regelrecht, wenn ich feststelle, was ich alles noch nicht gelesen habe. Tatsächlich bin ich bisher noch nie in die Situation gekommen, nicht zu wissen, welches Buch ich im Anschluss lese. Das Angebot ist einfach zu groß.

Meistens stehen schon mehrere Titel zur Auswahl und manchmal überlasse ich dann meiner Community bei Bookstagram die Entscheidung. Vielleicht magst du die kommende aktiv mitbestimmen?

Bücher anschaffen

Es ist meinem Beruf geschuldet, dass ich in den letzten Kapiteln hauptsächlich vom Buchhandel als Bezugsquelle für Bücher gesprochen habe. Dennoch weiß ich, es gibt auch junge Leser, deren Finanzen ausschließlich aus dem Taschengeld der Eltern bestehen oder Familien mit niedrigen Einkommen. Neuerscheinungen, die als gebundene Ausgaben auf den Markt kommen, kosten mittlerweile bis zu dreißig Euro. Schon bei einem Lesepensum von zwei bis drei Büchern im Monat, nagt das an den Ersparnissen. Bis das günstigere Taschenbuch einer solchen Novität in den Druck geht, verstreicht normalerweise ein volles Jahr.

Familienfeste wie Weihnachten oder Geburtstage können da sicher Abhilfe schaffen, nur finden diese leider nur einmal im Jahr statt. Lesen muss aber nicht unbedingt teuer sein und sollte meiner Meinung nach, weil es für Bildung steht, nicht als Luxus gelten. Daher möchte ich dir ein paar kostengünstigere Wege zeigen, an neuen Lesestoff zu kommen.

In vielen Städten gibt es öffentliche Bibliotheken. Als Kind war ich mindestens einmal in der Woche in unserer Bücherei vor Ort und habe stets einen vollen Rucksack mit Büchern nach Hause geschleppt. Bis heute bin ich den Bibliothekarinnen in Erinnerung geblieben. So habe ich mich sukzessive durch die Kinder- und Jugendbuchabteilung gelesen. Als diese ausgelesen war, näherte ich mich der erwachsenen Literatur an, beginnend mit den Miss Marple Krimis von Agatha Christie.

Auch gebrauchte Bücher hatten bei mir einen hohen Stellenwert. Inzwischen gibt es überall verteilt sogenannte Bücherschränke, in die Menschen ihre aussortierten Bücher stellen. Damit machen sie anderen noch eine Freude. Die Bücher werden mehrmals gelesen und du musst kein Geld für sie ausgeben. Flohmärkte können ebenfalls eine wahre Fundgrube sein. Ich staune oft nicht schlecht über die Schätze, die dort von Freunden oder Bekannten geborgen werden.

Im Internet gibt es einige Shops, die sich darauf spezialisiert haben, Mängelexemplare und Restauflagen zu verkaufen. Diese Bücher sind in den meisten Fällen mit einem Stempel oder offensichtlichen Mängeln wie Einschnitte oder Beschädigungen gekennzeichnet. Wem es hauptsächlich um den Inhalt der Bücher geht und weniger um die perfekte Optik, der kann hier ordentlich Geld sparen. Denn lesen lassen sich gebrauchte oder beschädigte Bücher genauso gut wie eine druckfrische und in Folie eingeschweißte Ausgabe.

Eine weitere Alternative Geld zu sparen sind sogenannte eBook-Flatrates. Hier gibt es unterschiedliche Anbieter. Voraussetzung für die Nutzung ist ein aktuelles eReader-Modell. Außerdem solltest du dich im Vorfeld erkundigen, ob deine gewünschten Titel überhaupt auf der entsprechenden Plattform vertreten sind. Dabei sind populäre Neuerscheinungen, die in Bestseller-Listen rangieren, nicht immer auch sofort über die entsprechenden Flatrate-Dienste verfügbar. Einige Plattformen bieten gratis Testzeiten an.

Mut zum Abbrechen

Es wird der Moment kommen, in dem du zu einem Buch greifst, dessen Handlungsverlauf oder Schreibstil dich überhaupt nicht anspricht. Das merkst du meistens schon auf den ersten zwanzig Seiten. Ich hoffe, dass es dir mit meinem Buch anders erging. Andernfalls wärst du aber nicht so weit gekommen. Oder du hast dir bereits einen Tipp von mir zu Herzen genommen und bist zu den Kapiteln gesprungen, die dich am meisten interessieren. Egal, wie du es jetzt in diesen Teil des Buches geschafft hast: Ich möchte dich ermutigen, Bücher in jedem Fall abzubrechen, sollten sie dir nicht gefallen.

Bücher gibt es wie Sand am Meer. Jedes Jahr kommen allein in Deutschland um die 60.000 Neuerscheinungen hinzu. Es ist nicht einfach unter ihnen die Perlen herauszusuchen. Auf vermeintliche Orientierungshilfen wie Bestenlisten oder Buchempfehlungen prominenter Stimmen sollte man sich nie blind verlassen. Mit genügend Werbebudget erlangt jedes Buch Sichtbarkeit. Eine aufwendige und teuer finanzierte Werbekampagne schreibt noch lange kein gutes

Buch. Dennoch gehen diese Strategien immer wieder auf und wer über das nötige Kapital verfügt, avanciert schnell zum Bestsellerautor. Leser kaufen das neueste, verheißungsvoll spiegelnde Cover und viele sind nach nur wenigen Seiten enttäuscht.

Nun hat so eine Novität als Hardcover-Ausgabe über zwanzig Euro gekostet. Die Hürde ist entsprechend groß, diesen viel gepriesenen Bestseller abzubrechen. Aber glaube mir: Dich durch die Seiten zu quälen, weil vermutlich mehr als dein Stundenlohn zum Fenster hinausgeworfen wurde, ist das Schlimmste. Denn was geschieht, wenn du es doch tust?

Sehr wahrscheinlich liest du dich direkt in eine Leseflaute. Du merkst, wie du täglich weniger Seiten liest und dir das Lesen selbst lästig wird. Nur noch widerwillig greifst du zu der Geschichte, die dich im Grunde gar nicht mehr interessiert. Hast du diese Tortur überstanden und das Buch zu Ende gelesen, wird dir der Entschluss, nicht abgebrochen zu haben, nachhängen. Du entscheidest dich nur widerwillig für ein neues Buch und verbindest mit dem Lesen plötzlich eine unangenehme Erfahrung.

Um diesem Zustand vorzubeugen, bitte ich dich inständig: Breche Bücher ab, sobald sie dir nicht gefallen! Schade um das Geld, das du vielleicht für dieses Buch bezahlt hast. Da stimme ich dir vollkommen zu. Aber vielleicht kannst du ja jemandem eine Freude damit machen? Etwa alle sechs Monate fahre ich eine Kofferraumladung Bücher in einen nahe gelegenen öffentlichen Bücherschrank, mit dem Wissen, dass meine aussortierten Titel bei anderen Lesern noch Anklang finden.

Inzwischen habe ich mir ein Limit von fünfzig Seiten gesetzt. Sollte mich ein Buch innerhalb dieser nicht überzeugen können, breche ich es ab. Das Leben ist zu kurz für schlecht geschriebene Geschichten - und mein SUB (Stapel ungelesener Bücher) eindeutig zu hoch.

Mit dem Herzen

Das war's. Du hast es geschafft, dieses Buch zu lesen. Fraglos war es nicht besonders dick, dennoch habe ich versucht, es randvoll mit Informationen und Tipps zu packen, die dir beim Lesen von Büchern helfen können. Ich hoffe, du kannst einige von ihnen im Alltag anwenden. Den wichtigsten Ratschlag habe ich mir bis zum Ende aufgespart:

Öffne beim Lesen dein Herz. Gehe unvoreingenommen in einen neuen Text und erfühle ihn. Lese innerlich mit dem Herzen mit, empfinde mit den Protagonisten. Versetze dich selbst in die Geschichte. Du kennst das vielleicht aus dem Kinosaal. Ab und an musst du deinen Blick von der Leinwand nehmen, damit du dir darüber klar wirst, nicht selbst im Film zu sein und du sicher vor dem Serienkiller bist. Genau so kann es dir mit Büchern gehen.

Ich erinnere mich an eine Szene aus Christian Hubers Roman „Man vergisst nicht, wie man schwimmt". Irgendwann war ich so sehr in der Geschichte verwoben, ich konnte nicht mehr weiterlesen, als es für eine der Hauptpersonen brenzlig wurde. Tatsächlich habe ich das Buch zugeklappt und bin einen halben Tag darum herumgeschlichen. Immer wieder wanderte mein Blick zu dem Buch auf meinem Nachttisch und erkundete das Cover, als würde es mir verraten, ob die Geschichte letztendlich gut ausgeht. Die Figuren im Buch lagen mir dermaßen am Herzen, mir erschien es unmöglich der vermeintlichen Gefahr ins Auge zu blicken.

Nach einem halben Tag schaffte ich es dann schließlich doch. Aber dieses Gefühl blieb mir noch lange in Erinnerung. Und genau solch eine Intensität beim Lesen wünsche ich dir.

Schließlich ist alles, was wir ohne dem Herzen machen, leidenschaftslos. Es fühlt sich wie eine lästige Pflicht an. Ich würde lügen, wenn ich behaupte, beim Schreiben dieses Buches wäre ich ausschließlich mit einhundertprozentiger Leidenschaft am Start gewesen. Diese Zeilen zu schreiben fiel mir vermutlich schwerer, als dir, sie zu lesen. Aber schlussendlich führte mich mein Herz wieder zu diesem Buch zurück. Denn es ist mir ein Herzensprojekt, Menschen das Bücherlesen näherzubringen.

Mittlerweile habe ich keine Angst mehr, mit Blick auf die Vergänglichkeit der meisten Bücher. Ich bin davon überzeugt: wir werden auch in tausend Jahren noch Bücher lesen. Sie sind das, was von uns bleibt. Abenteuer, Geschichten, Erlebnisse und Gedanken. Häufig zwischen den Zeilen: überwältigende Gefühle. Ich wünsche dir, diese immer zu finden.

Ich bedanke mich bei dir für das Lesen meines ersten Buches. Vielleicht hast du Freunde, denen dieses Buch weiterhilft. Zögere nicht, es zu verschenken. Bitte bewerte es online in den gängigen Bücher-Shops, damit machst du mir einen riesigen Gefallen. Ich freue mich über jede Nachricht bei Instagram.

Ich danke meinem Lektor Simon. Danke auch an Ivar Leon Menger, Alma Bayer und Kathrin Lenhard.

Ihr wisst, wofür.

Thomas Becker

Thomas Becker wurde 1989 in einer bayerischen Kleinstadt geboren und ist ausgebildeter Buchhändler. Seit 2020 ist er zusätzlich als Blogger und Influencer auf Instagram aktiv und bespricht dort Bücher jeden Genres auf seinem Account @der.buchhaendler. Den Traum eines eigenen Buches träumte er schon seit der Grundschule, in der er seiner Klasse selbst geschriebene Geschichten vorlas. Wenn Thomas nicht gerade an oder mit Büchern arbeitet, ist er mit seinem Hund unterwegs, um neue Ideen zu finden.

Thomas Becker schreibt auf

www.story.one

schreib's auf
story.one

Faszination Buch neu erfunden

Viele Menschen hegen den geheimen Wunsch, einmal ihr eigenes Buch zu veröffentlichen. Bisher konnten sich nur wenige Auserwählte diesen Traum erfüllen. Gerade mal 1 Million Autoren gibt es heute – das sind nur 0,0013% der Weltbevölkerung.

Wie publiziert man ein eigenes story.one Buch? Alles, was benötigt wird, ist ein (kostenloser) Account auf story.one. Ein Buch besteht aus zumindest 12 Geschichten, die auf story.one veröffentlicht und dann mit wenigen Clicks angeordnet werden. Und durch eine individuelle ISBN kann jedes Buch dann weltweit bestellt werden.

Jede lange Reise beginnt mit dem ersten Schritt – und dein Buch mit einer ersten Story.

Wo aus Geschichten Bücher werden.

#storyone #livetotell